화엄경 제24권(십회향품 제25-2)

화엄경 제24권에는 불괴회향(不壞廻向)·등일체불회향(等一切佛廻向)·지일체처회향(至一切處廻向) 등 세 가지 회향이 나온다.

불괴회향에서는 먼저 3세불을 믿고 섬기며 보살도를 실천하는 모습을 이야기하고(pp.1~6), 다음에 그 과보에 대하여 설명하며(pp.7~19), 그 다음에 부처님을 받들고 중생을 교화하는 일을 설해 (pp.19~26) 마침내 함께 백정법(百淨法)을 닦는 것을 설한 뒤 게송을 읊었다.(pp.27~41)
"菩薩已得不壞意 修行一切諸善業～如是開悟諸衆生 一切無住無所觀"

다음 동일체불회향에서는 먼저 자재불락과 무착원행으로 일체의 고해를 건너가는 것에 대하여 설하고(pp.41~53), 모든 것을 한데 모아 회향한 뒤(pp.53~64), 게송으로 노래한다.(pp.64~78)
"彼諸菩薩摩訶薩 修過去佛廻向法～平等實慧淸淨慧 最勝慧者如是說"

끝으로 지일체처회향에서는 시방 화주불의 무진법성과 공양선근에 대하여 설하고 무소득 방편을 설하여 부처님의 종자가 끊어지지 않도록 하였다.(78-109p). 그리고 게송으로 읊었다.(pp.109~115)
"內外一切諸世間 菩薩實皆無所着～一切衆生調御師 於此明了善廻向"

十廻向品 第二十五之二

不佛子야 云何爲 菩薩摩訶薩의 不壞廻向인고 佛子야 此菩薩摩訶薩이 於去來今諸如來所에 得不壞信하야 悉能承事一切佛故며 於諸菩薩와 乃至初發一念之心하야 求一切智不壞信하야 誓

向得信志於修
於普不守樂一一
一利壞護故切切
切益信住於佛菩
白故慈持一法薩
淨　眼故切得善
法　等於佛不根
得　觀一教壞無
不　善切得信疲
壞　根衆不發厭
信　廻生壞深故

사경의 공덕은 십만억 부처님께 공양한 것과 같은 공덕이 있습니다.　　　　大方廣佛華嚴經 2

普	菩	殊	法	佛	得	故
보	보	수	법	불	득	고
集	薩	勝	師	想	不	於
집	살	승	사	상	불	어
無	廻	諸	得	故	壞	一
무	회	제	득	고	괴	일
邊	向	欲	不	於	信	切
변	향	욕	불	어	신	체
諸	道	解	壞	一	深	菩
제	도	해	괴	일	심	보
善	得	故	信	切	信	薩
선	득	고	신	체	신	살
根	不	於	於	佛	諸	善
근	불	어	어	불	제	선
故	壞	一	諸	自	佛	巧
고	괴	일	제	자	불	교
於	信	切	菩	在	難	方
어	신	체	보	재	난	방
一	滿	菩	薩	神	思	便
일	만	보	살	신	사	편
切	足	薩	起	通	議	行
체	족	살	기	통	의	행

無量無邊 令菩提心轉更增
是等覺種種境界中種諸善根
獨覺不壞若諸佛教若諸衆生如
住不壞子信時於佛菩薩衆聲聞
　佛子菩薩摩訶薩如是安
數行境界故取種種無量無
得不壞信攝取種種無量無

사경의 공덕은 십만억 부처님께 공양한 것과 같은 공덕이 있습니다.　　大方廣佛華嚴經 4

根 근		世 세	行 행	淨 정	修 수	長 장
功 공	菩 보		大 대	善 선	學 학	慈 자
德 덕	薩 살		惠 혜	根 근	諸 제	悲 비
廻 회	摩 마		施 시	入 입	佛 불	廣 광
向 향	訶 하		修 수	眞 진	所 소	大 대
一 일	薩 살		諸 제	實 실	作 작	平 평
切 체	以 이		功 공	義 의	攝 섭	等 등
智 지	如 여		德 덕	集 집	取 취	觀 관
願 원	是 시		等 등	福 복	一 일	察 찰
常 상	等 등		觀 관	德 덕	切 체	隨 수
見 견	善 선		三 삼	行 행	淸 청	順 순

사경의 공덕은 십만억 부처님께 공양한 것과 같은 공덕이 있습니다.

悉 실	了 료	之 지	熟 숙	受 수	共 공	諸 제
使 사	諸 제	道 도	一 일	持 지	止 지	佛 불
滿 만	法 법	供 공	切 체	佛 불	住 주	親 친
足 족	憶 억	養 양	衆 중	敎 교	念 념	近 근
	持 지	瞻 첨	生 생	勤 근	一 일	善 선
	不 불	侍 시	心 심	加 가	切 체	友 우
	忘 망	一 일	常 상	守 수	智 지	與 여
	修 수	切 체	廻 회	護 호	心 심	諸 제
	行 행	法 법	向 향	敎 교	無 무	菩 보
	大 대	師 사	出 출	化 화	暫 잠	薩 살
	願 원	解 해	世 세	成 성	捨 사	同 동

사경의 공덕은 십만억 부처님께 공양한 것과 같은 공덕이 있습니다.

大方廣佛華嚴經 6

於어	此차	訶하	修수	念념	善선	
念념	善선	薩살	習습	善선	根근	菩보
念념	根근	如여	善선	根근	增증	薩살
中중	所소	是시	根근	分분	長장	如여
見견	得득	積적	安안	別별	善선	是시
無무	依의	集집	住주	善선	根근	積적
量량	果과	諸제	善선	根근	思사	集집
佛불	修수	善선	根근	愛애	惟유	善선
如여	菩보	根근	菩보	樂락	善선	根근
其기	薩살	已이	薩살	善선	根근	成성
所소	行행	以이	摩마	根근	繫계	就취

사경의 공덕은 십만억 부처님께 공양한 것과 같은 공덕이 있습니다.

末말	塗도	莊장	阿아	僧승		應응
香향	飾식	嚴엄	僧승	祇기	以이	承승
阿아	地지	具구	祇기	鬘만	阿아	事사
僧승	阿아	阿아	幢당	阿아	僧승	供공
祇기	僧승	僧승	阿아	僧승	祇기	養양
和화	祇기	祇기	僧승	祇기	寶보	
香향	塗도	給급	祇기	衣의	阿아	
阿아	香향	侍시	幡번	阿아	僧승	
僧승	阿아	阿아	阿아	僧승	祇기	
祇기	僧승	僧승	僧승	祇기	華화	
燒소	祇기	祇기	祇기	蓋개	阿아	

사경의 공덕은 십만억 부처님께 공양한 것과 같은 공덕이 있습니다.

剛 강	檀 단	香 향	祇 기	僧 승	阿 아	香 향
座 좌	座 좌	座 좌	寶 보	祇 기	僧 승	阿 아
阿 아	阿 아	阿 아	座 좌	讚 찬	祇 기	僧 승
僧 승	僧 승	僧 승	阿 아	歎 탄	淨 정	祇 기
祇 기	祇 기	祇 기	僧 승	阿 아	心 심	深 심
摩 마	衣 의	鬘 만	祇 기	僧 승	阿 아	信 신
尼 니	座 좌	座 좌	華 화	祇 기	僧 승	阿 아
座 좌	阿 아	阿 아	座 좌	禮 례	祇 기	僧 승
阿 아	僧 승	僧 승	阿 아	敬 경	尊 존	祇 기
僧 승	祇 기	祇 기	僧 승	阿 아	重 중	愛 애
祇 기	金 금	栴 전	祇 기	僧 승	阿 아	樂 락

사경의 공덕은 십만억 부처님께 공양한 것과 같은 공덕이 있습니다.

處 처	處 처	經 경	阿 아	華 화		寶 보
阿 아	阿 아	行 행	僧 승	經 경	阿 아	繒 증
僧 승	僧 승	處 처	祇 기	行 행	僧 승	座 좌
祇 기	祇 기	阿 아	鬘 만	處 처	祇 기	阿 아
一 일	一 일	僧 승	經 경	阿 아	寶 보	僧 승
切 체	切 체	祇 기	行 행	僧 승	經 경	祇 기
寶 보	寶 보	寶 보	處 처	祇 기	行 행	寶 보
多 다	繒 증	間 간	阿 아	香 향	處 처	色 색
羅 라	綵 채	錯 착	僧 승	經 경	阿 아	座 좌
樹 수	經 경	經 경	祇 기	行 행	僧 승	
經 경	行 행	行 행	衣 의	處 처	祇 기	

사경의 공덕은 십만억 부처님께 공양한 것과 같은 공덕이 있습니다.

殿전	鬘만	祇기	殿전	覆부	行행	行행
阿아	宮궁	一일	阿아	經경	處처	處처
僧승	殿전	切체	僧승	行행	阿아	阿아
祇기	阿아	香향	祇기	處처	僧승	僧승
一일	僧승	宮궁	一일	阿아	祇기	祇기
切체	祇기	殿전	切체	僧승	一일	一일
堅견	一일	阿아	華화	祇기	切체	切체
固고	切체	僧승	宮궁	一일	寶보	寶보
妙묘	栴전	祇기	殿전	切체	鈴령	欄란
香향	檀단	一일	阿아	寶보	網망	楯순
藏장	宮궁	切체	僧승	宮궁	彌미	經경

사경의 공덕은 십만억 부처님께 공양한 것과 같은 공덕이 있습니다.

莊嚴具樹阿僧祇妙音聲樹
阿僧祇樹諸音樂樹阿僧祇寶
種種阿僧祇香樹諸樹阿僧祇雜寶樹諸寶阿僧祇衣樹

殊妙出過一切諸天摩尼

阿僧祇樹一切摩尼寶阿僧祇宮殿皆悉

宮殿阿僧祇一切摩尼宮殿金剛宮殿

檻 　 嚴 飾 祇 繪 阿
함 　 엄 식 기 증 아
莊 其 宮 樹 一 綵 僧
장 기 궁 수 일 채 승
嚴 諸 殿 如 切 樹 祇
엄 제 전 여 체 수 기
阿 宮 　 是 華 阿 無
아 궁 　 시 화 아 무
僧 殿 　 等 香 僧 厭
승 전 　 등 향 승 염
祇 復 　 樹 幢 祇 寶
기 부 　 수 당 기 보
窓 有 　 扶 幡 寶 樹
창 유 　 부 번 보 수
牖 阿 　 疎 鬘 璫 阿
유 아 　 소 만 당 아
莊 僧 　 蔭 蓋 樹 僧
장 승 　 음 개 수 승
嚴 祇 　 映 所 阿 祇
엄 기 　 영 소 아 기
阿 軒 　 　 莊 嚴 僧 寶
아 헌 　 　 장 엄 승 보

사경의 공덕은 십만억 부처님께 공양한 것과 같은 공덕이 있습니다.

僧	莊	祇	其	僧		等
승	장	기	기	승		등
祇	嚴	帳	上	祇	佛	諸
기	엄	장	상	기	불	제
門	阿	莊	阿	衣	子	供
문	아	장	아	의	자	공
闥	僧	嚴	僧	敷	菩	養
달	승	엄	승	부	보	양
莊	祇	阿	祇	布	薩	具
장	기	아	기	포	살	구
嚴	半	僧	香	其	摩	於
엄	반	승	향	기	마	어
阿	月	祇	周	地	訶	無
아	월	기	주	지	하	무
僧	莊	金	帀		薩	量
승	장	금	잡		살	량
祇	嚴	網	普		以	無
기	엄	망	보		이	무
樓	阿	彌	熏		如	數
루	아	미	훈		여	수
閣	僧	覆	阿		是	不
각	승	부	아		시	불

사경의 공덕은 십만억 부처님께 공양한 것과 같은 공덕이 있습니다.

大方廣佛華嚴經

可 가	敬 경	無 무	後 후	供 공	故 고	衆 중
說 설	供 공	有 유	所 소	養 양	一 일	生 생
不 불	養 양	休 휴	有 유	爲 위	切 체	離 리
可 가	一 일	息 식	舍 사	令 령	衆 중	諸 제
說 설	切 체	一 일	利 리	一 일	生 생	苦 고
劫 겁	諸 제	一 일	悉 실	切 체	攝 섭	故 고
淨 정	佛 불	如 여	亦 역	衆 중	善 선	一 일
心 심	恒 항	來 래	如 여	生 생	根 근	切 체
尊 존	不 불	滅 멸	是 시	生 생	故 고	衆 중
重 중	退 퇴	度 도	恭 공	淨 정	一 일	生 생
恭 공	轉 전	之 지	敬 경	信 신	切 체	廣 광

사경의 공덕은 십만억 부처님께 공양한 것과 같은 공덕이 있습니다.

養양	住주	量량	佛불	故고	而이	大대
現현	持지	力력	興흥	諸제	莊장	解해
在재	一일	故고	難난	有유	嚴엄	故고
諸제	切체	莊장	可가	所소	故고	一일
佛불	諸제	嚴엄	值치	作작	無무	切체
及급	佛불	供공	故고	得득	量량	衆중
滅멸	法법	養양	滿만	究구	莊장	生생
度도	故고	佛불	足족	竟경	嚴엄	以이
後후	如여	塔탑	如여	故고	而이	大대
所소	是시	廟묘	來래	知지	莊장	莊장
有유	供공	故고	無무	諸제	嚴엄	嚴엄

사경의 공덕은 십만억 부처님께 공양한 것과 같은 공덕이 있습니다.

依의	離리	有유	成성		說설	舍사
遠원	諸제	休휴	熟숙	如여	不불	利리
離리	心심	息식	一일	是시	可가	其기
於어	想상	無무	切체	修수	盡진	諸제
我아	無무	有유	衆중	集집		供공
及급	有유	疲피	生생	無무		養양
以이	依의	厭염	無무	量량		於어
我아	止지	無무	有유	功공		阿아
所소	永영	有유	退퇴	德덕		僧승
如여	絶절	執집	轉전	皆개		祇기
實실	所소	著착	無무	爲위		劫겁

法印印諸業門得法無生住
佛所住觀無生性印廻向與境界
諸佛護念發心廻向諸
法性相應廻向入無作法成
就所作方便廻向捨離一切
諸事想著方便廻向住於無
量善巧廻向永出一切諸有

사경의 공덕은 십만억 부처님께 공양한 것과 같은 공덕이 있습니다.

大方廣佛華嚴經

信切向普巧廻
佛解善發淨廻向
子心根無一向修
菩廻同上切普行
薩向住菩菩攝諸
摩　廻提薩一行
訶　向心諸切不
薩　滿廻行善住
以　足向廣根於
諸　最與大廻相
善　上一廻向善

사경의 공덕은 십만억 부처님께 공양한 것과 같은 공덕이 있습니다.

大方廣佛華嚴經 19

根如是廻向一切時 雖隨生死而
不改變諸有心無智 未曾退轉
在於諸衆生心不無亂悉能
脫無一切衆生不染有亂悉
失無礙智菩薩行位因緣
盡世間諸法無能變動具足
清淨諸波羅密悉能成就

사경의 공덕은 십만억 부처님께 공양한 것과 같은 공덕이 있습니다.

悉 실	報 보	切 체		法 법	成 성	切 체
皆 개	如 여	法 법	以 이	廻 회	菩 보	智 지
如 여	像 상	悉 실	淸 청	向 향	提 리	力 력
響 향	諸 제	隨 수	淨 정	勝 승	心 심	菩 보
菩 보	行 행	心 심	意 의	道 도	開 개	薩 살
薩 살	如 여	現 현	善 선	具 구	示 시	如 여
諸 제	化 화	知 지	能 능	足 족	光 광	是 시
行 행	因 인	業 업	分 분	衆 중	明 명	離 리
一 일	緣 연	如 여	別 별	行 행	增 증	諸 제
切 체	生 생	幻 환	了 료		長 장	癡 치
如 여	法 법	業 업	一 일		淨 정	暗 암

사경의 공덕은 십만억 부처님께 공양한 것과 같은 공덕이 있습니다.

廢行於法無影
菩捨同一無作出
薩離事切二廣生
如一諸相得大無
是切業皆法境著
善著於無實界清
巧住白所相證淨
思無淨著具寂法
惟著法善菩滅眼
無行恒能薩性見
有無修行了於

사경의 공덕은 십만억 부처님께 공양한 것과 같은 공덕이 있습니다.

大方廣佛華嚴經

	心심	通통	岸안	以이	見견	迷미
菩보	自자	智지	智지	方방	眞진	惑혹
薩살	在재	諸제	慧혜	便편	實실	不불
摩마		業업	觀관	力력	善선	違위
訶하		善선	察찰	成성	巧교	諸제
薩살		根근	一일	就취	廻회	法법
以이		無무	切체	業업	向향	不불
諸제		作작	諸제	報보	知지	壞괴
善선		而이	法법	到도	法법	業업
根근		行행	獲획	於어	自자	因인
如여		隨수	神신	彼피	性성	明명

사경의 공덕은 십만억 부처님께 공양한 것과 같은 공덕이 있습니다.

等量得　薩世趣
心淸見菩第間入
於淨一薩二法一
一妙切摩不佛切
切法無訶壞子種
法普數薩廻是智
無於諸住向爲成
有衆佛此　菩就
疑生成廻　薩一
惑得就向　摩切
　平無時　訶出

切諸佛神力所加降伏衆魔

永離其無礙業智成就生貴滿足菩提

心得聞無一切法義不由他解善入能

開闡一切刹普照衆生悉隨想力清淨

一切菩薩摩訶薩以此不壞廻向淨

之力攝諸善根如是迴向

사경의 공덕은 십만억 부처님께 공양한 것과 같은 공덕이 있습니다.

						方방	
						承승	爾이
供공	智지	是시	修수	菩보	佛불	神신	時시
養양	者자	故고	行행	薩살	神신	金금	
無무	以이	能능	一일	已이	力력	剛강	
量량	此차	令령	切체	得득	卽즉	幢당	
無무	而이	佛불	諸제	不불	說설	菩보	
邊변	廻회	歡환	善선	壞괴	頌송	薩살	
佛불	向향	喜희	業업	意의	言언	觀관	
						察찰	
						十시	

사경의 공덕은 십만억 부처님께 공양한 것과 같은 공덕이 있습니다.

布 보	爲 위	普 보	一 일	無 무	寶 보	供 공
施 시	欲 욕	使 사	切 체	量 량	蓋 개	養 양
持 지	利 리	一 일	上 상	差 차	及 급	一 일
戒 계	益 익	切 체	妙 묘	別 별	以 이	切 체
伏 복	諸 제	皆 개	諸 제	勝 승	莊 장	諸 제
諸 제	衆 중	清 청	香 향	衣 의	嚴 엄	如 여
根 근	生 생	淨 정	華 화	服 복	具 구	來 래

사경의 공덕은 십만억 부처님께 공양한 것과 같은 공덕이 있습니다.

如 여	無 무	恭 공	未 미	專 전	一 일	十 시
是 시	量 량	敬 경	曾 증	心 심	切 체	方 방
供 공	無 무	尊 존	一 일	想 상	世 세	所 소
養 양	數 수	重 중	念 념	念 념	間 간	有 유
於 어	難 난	常 상	生 생	於 어	大 대	諸 제
諸 제	思 사	歡 환	疲 피	諸 제	明 명	如 여
佛 불	劫 겁	喜 희	厭 염	佛 불	燈 등	來 래

사경의 공덕은 십만억 부처님께 공양한 것과 같은 공덕이 있습니다.

靡不現前 如目覩
不可思議 無量劫
種種布施 心無厭
百千萬億 眾中
修諸善法 悉如
彼諸如來 滅度已
供養諸舍利 無厭足

사경의 공덕은 십만억 부처님께 공양한 것과 같은 공덕이 있습니다.

淨 정	其 기	巍 외	寶 보	造 조	建 건	悉 실
心 심	數 수	巍 외	藏 장	立 립	立 립	以 이
尊 존	無 무	高 고	淨 정	無 무	難 난	種 종
重 중	量 량	大 대	金 금	等 등	思 사	種 종
供 공	百 백	如 여	爲 위	最 최	衆 중	妙 묘
養 양	千 천	山 산	莊 장	勝 승	塔 탑	莊 장
已 이	億 억	王 왕	嚴 엄	形 형	廟 묘	嚴 엄

사경의 공덕은 십만억 부처님께 공양한 것과 같은 공덕이 있습니다.

普보	而이	於어	了요	救구	不불	復부
爲위	能능	彼피	知지	護호	思사	生생
群군	善선	一일	衆중	衆중	議의	歡환
生생	別별	切체	生생	生생	劫겁	喜희
作작	衆중	無무	皆개	令령	處처	利리
饒요	生생	分분	妄망	解해	世세	益익
益익	根근	別별	想상	脫탈	間간	意의

사경의 공덕은 십만억 부처님께 공양한 것과 같은 공덕이 있습니다.

菩薩摩訶薩諸功德
廣大最勝無與比
了達體性悉非有
如是決定皆悉廻向
以最勝智觀諸法
其中無有一法生
如是方便修廻向

사경의 공덕은 십만억 부처님께 공양한 것과 같은 공덕이 있습니다.

功德無量不可稱淨 以是與一方便令心來等盡 悉此方便力不可盡極 是故福報無盡 發起無上菩提心 一切世間無所依

普 보	而 이	一 일	爲 위	如 여	畢 필	一 일
至 지	於 어	切 체	其 기	其 기	竟 경	切 체
十 시	一 일	如 여	啓 계	心 심	推 추	諸 제
方 방	切 체	來 래	導 도	性 성	求 구	法 법
諸 제	無 무	出 출	衆 중	而 이	不 불	無 무
世 세	所 소	世 세	生 생	觀 관	可 가	有 유
界 계	礙 애	間 간	心 심	察 찰	得 득	餘 여

悉入於如無體性
以是淨眼而無廻向
開彼世間生死獄
雖不令諸有悉清淨
亦不分別於諸有
知諸有性無所有
而令歡喜意清淨

於一一佛土 無所依
一切佛土 悉如是
亦不染著 有無爲法
知彼法性 無一依處
以以修成 一切智
以無上 智莊嚴
以諸佛佛 皆歡喜

사경의 공덕은 십만억 부처님께 공양한 것과 같은 공덕이 있습니다.

是보 菩보 無무 如여 願원 專전 令영
爲위 薩살 上상 我아 心심 其기
菩보 專전 智지 佛불 修수 救구 遠원
薩살 心심 慧혜 一일 成성 護호 離리
廻회 念념 巧교 切체 此차 於어 衆중
向향 諸제 方방 無무 功공 一일 惡악
業업 佛불 便편 所소 德덕 切체 業업
依의

如是饒益諸群生　繋念思惟無惟惟護未曾捨
住於餘智地　不以餘乘取涅槃
唯願得如是佛　如是善廻向
不取衆生所言說　菩薩
不

一切　雖　亦　十　了　雖　而
切　復　復　方　知　不
有　不　不　諸　達　一
爲　依　著　所　法　切　於
虛　言　無　諸　無　皆　空
妄　語　言　如　有　空　起
事　道　說　來　餘　寂　心
　　　　　　　　念

摩마	等등					
訶하	一일	佛불				
薩살	切체	子자	一일	如여	亦역	以이
隨수	佛불	云운	切체	是시	不불	一일
順순	廻회	何하	無무	開개	於어	莊장
修수	向향	爲위	性성	悟오	法법	嚴엄
學학	佛불	菩보	無무	諸제	生생	嚴엄
去거	子자	薩살	所소	群군	分분	一일
來래	此차	摩마	觀관	生생	別별	切체
現현	菩보	訶하				
在재	薩살	薩살				

사경의 공덕은 십만억 부처님께 공양한 것과 같은 공덕이 있습니다.

	惱뇌	廣광	生생	切체		諸제
佛불	心심	大대	愛애	色색	如여	佛불
子자	意의	淸청	憎증	乃내	是시	世세
菩보	柔유	淨정	心심	至지	修수	尊존
薩살	軟연	歡환	得득	觸촉	學학	廻회
摩마	諸제	喜희	自자	法법	廻회	向향
訶하	根근	悅열	在재	若약	向향	之지
薩살	淸청	樂락	無무	美미	道도	道도
獲획	凉량	離리	諸제	若약	時시	
得득		諸제	過과	惡오	見견	
如여		憂우	失실	不불	一일	

사경의 공덕은 십만억 부처님께 공양한 것과 같은 공덕이 있습니다.　　　　大方廣佛華嚴經 42

是諸佛 安樂 之 時 復更 發心 廻向 所 諸佛 善根 作 如是 諸佛 念 願 以 我 今 廻向 所

種諸佛善根 作 如是思惟 諸佛樂 所 轉 更 樂 無 勝

所謂 不可令 諸 佛 思議 佛樂 所 住 樂 無

有不等可比限 佛不可 三昧 樂 慈悲樂 一切

諸佛解脫 之量 大 無有邊際 大

神通 廣大 覺 定 根 向
寂 大 樂 佛 廻 菩
究竟 靜 行 子 向 薩
最 之 無 菩薩 佛 所
極 無 樂 二 已 謂
尊 量 住 行 摩訶 復 願
重 力 無 不 訶 以 未
大 樂 礙 變 薩 此 滿
自 離 住 異 以 善 者
在 諸 恒 樂 諸 根 令
樂 知 正 恒 善 廻 得

사경의 공덕은 십만억 부처님께 공양한 것과 같은 공덕이 있습니다.

圓	波	安	智	護	生	成
원	바	안	지	호	생	성
滿	羅	住	得	菩	捨	滿
만	라	주	득	보	사	만
心	密	金	不	提	離	安
심	밀	금	불	리	리	안
未	未	剛	退	門	我	住
미	미	강	퇴	문	아	주
淨	滿	菩	轉	一	慢	一
정	만	보	전	일	만	일
者	足	提	不	切	發	切
자	족	리	불	체	발	체
令	者	之	捨	善	菩	菩
령	자	지	사	선	보	보
得	令	心	大	根	提	薩
득	령	심	대	근	리	살
淸	得	於	精	能	心	所
청	득	어	정	능	심	소
淨	滿	一	進	令	所	住
정	만	일	진	령	소	주
諸	足	切	守	衆	願	獲
제	족	체	수	중	원	획

사경의 공덕은 십만억 부처님께 공양한 것과 같은 공덕이 있습니다.

見견	有유	向향	根근		證증	得득
佛불	善선	一일	如여	佛불	薩살	菩보
聞문	根근	切체	是시	子자	婆바	薩살
法법	乃내	衆중	廻회	菩보	若야	明명
恭공	至지	生생	向향	薩살		利리
敬경	極극	願원	菩보	摩마		諸제
聖성	少소	一일	薩살	訶하		根근
僧승	一일	切체	已이	薩살		修수
彼피	彈탄	衆중	復부	以이		習습
諸제	指지	生생	以이	諸제		善선
善선	頃경	所소	廻회	善선		根근

사경의 공덕은 십만억 부처님께 공양한 것과 같은 공덕이 있습니다.

願원	聞문	住주	淨정	得득	方방	根근
一일	辟벽	如여	諸제	淸청	便편	皆개
切체	支지	爲위	神신	淨정	念념	離리
衆중	佛불	衆중	通통	獲획	僧승	障장
生생	廻회	生생	捨사	諸제	尊존	礙애
永영	向향	如여	法법	佛불	重중	念념
離리	亦역	是시	疑의	法법	不불	佛불
地지	復부	廻회	念념	集집	離리	圓원
獄옥	如여	向향	依의	無무	見견	滿만
餓아	是시	爲위	敎교	量량	佛불	念념
鬼귀	又우	聲성	而이	德덕	心심	法법

사경의 공덕은 십만억 부처님께 공양한 것과 같은 공덕이 있습니다.

根 근		切 체	法 법	一 일	長 장	畜 축
皆 개	佛 불	智 지	得 득	切 체	無 무	生 생
以 이	子 자		佛 불	種 종	上 상	閻 염
大 대	菩 보		安 안	智 지	菩 보	羅 라
願 원	薩 살		樂 락	永 영	提 리	王 왕
發 발	摩 마		身 신	不 불	之 지	等 등
起 기	訶 하		心 심	毁 훼	心 심	一 일
正 정	薩 살		淸 청	謗 방	專 전	切 체
發 발	所 소		淨 정	諸 제	意 의	惡 악
起 기	有 유		證 증	佛 불	勤 근	處 처
積 적	善 선		一 일	正 정	求 구	增 증

사경의 공덕은 십만억 부처님께 공양한 것과 같은 공덕이 있습니다.

사경의 공덕은 십만억 부처님께 공양한 것과 같은 공덕이 있습니다.

滋	切	居	無	故	以	熟
자	체	거	무	고	이	숙
味	智	家	所	隨	本	解
미	지	가	소	수	본	해
若	心	作	障	順	大	脫
약	심	작	장	순	대	탈
服	所	諸	礙	妻	悲	雖
복	소	제	애	처	비	수
湯	謂	事	菩	子	處	與
탕	위	사	보	자	처	여
藥	若	業	薩	於	於	同
약	약	업	살	어	어	동
澡	著	未	摩	菩	居	止
조	착	미	마	보	거	지
漱	衣	曾	訶	薩	家	心
수	의	증	하	살	가	심
塗	裳	暫	薩	清	以	無
도	상	잠	살	청	이	무
摩	若	捨	雖	淨	慈	所
마	약	사	수	정	자	소
	噉	一	在	道	心	著
	담	일	재	도	심	착

사경의 공덕은 십만억 부처님께 공양한 것과 같은 공덕이 있습니다.

修 수	大 대	益 익	繫 계	有 유	意 의	
諸 제	願 원	一 일	念 념	所 소	業 업	廻 회
善 선	攝 섭	切 체	思 사	作 작	若 약	旋 선
普 보	取 취	衆 중	惟 유	心 심	睡 수	顧 고
救 구	無 무	生 생	無 무	常 상	若 약	視 시
一 일	數 수	安 안	時 시	廻 회	寤 오	行 행
切 체	廣 광	住 주	捨 사	向 향	如 여	住 주
永 영	大 대	菩 보	離 리	薩 살	是 시	坐 좌
離 리	善 선	提 리	爲 위	婆 바	一 일	臥 와
一 일	根 근	無 무	欲 욕	若 야	切 체	身 신
切 체	勤 근	量 량	饒 요	道 도	諸 제	語 어

사경의 공덕은 십만억 부처님께 공양한 것과 같은 공덕이 있습니다.

憍	地	一	雜	於	智	諸
교	지	일	잡	어	지	제
慢	終	切	染	一	地	善
만	종	체	염	일	지	선
放	不	諸	法	切	愛	根
방	불	제	법	체	애	근
逸	發	佛	修	智	樂	心
일	발	불	수	지	락	심
決	意	菩	行	道	誦	不
결	의	보	행	도	송	불
定	向	提	一	無	習	戀
정	향	리	일	무	습	련
趣	於	永	切	所	以	樂
취	어	영	체	소	이	락
於	餘	捨	菩	障	無	一
어	여	사	보	장	무	일
一	道	一	薩	礙	量	切
일	도	일	살	애	량	체
切	常	切	所	住	智	世
체	상	체	소	주	지	세
智	觀	諸	學	於	集	間
지	관	제	학	어	집	간

願원	畜축		向향	居거	持지	亦역
當당	生생	佛불	諸제	家가	諸제	不불
令령	之지	子자	佛불	普보	佛불	染염
此차	食식	菩보	無무	攝섭	教교	著착
等등	一일	薩살	上상	善선	法법	所소
捨사	摶단	爾이	菩보	根근	菩보	行행
畜축	一일	時시	提리	令령	薩살	之지
生생	粒립	乃내		其기	如여	行행
道도	咸함	至지		增증	是시	專전
利리	作작	施시		長장	處처	心심
益익	是시	與여		廻회	在재	受수

사경의 공덕은 십만억 부처님께 공양한 것과 같은 공덕이 있습니다.

首수	一일	得득	苦고		滅멸	安안
爲위	切체	捨사	本본	永영	苦고	樂락
其기	衆중	離리	及급	斷단	受수	究구
廻회	生생	菩보	諸제	苦고	永영	竟경
向향	以이	薩살	苦고	覺각	除제	解해
一일	彼피	如여	處처	苦고	苦고	脫탈
切체	善선	是시	願원	聚취	蘊온	永영
種종	根근	專전	彼피	苦고		度도
智지	而이	心심	衆중	行행		苦고
	爲위	繫계	生생	苦고		海해
		上상	念념	皆개	因인	永영

사경의 공덕은 십만억 부처님께 공양한 것과 같은 공덕이 있습니다.

近佛法出魔境界入佛境界
一切得清淨樂守護善根親
道慈心偏滿悲力廣大普使
無礙快樂出煩惱海修佛法
令永離生死曠野得諸如來
眾生菩薩初發菩提心悉以之廻向普攝

斷世是悉　　薩度
世平所以　　所諸
間等有復　　行衆
種法已向　　恭生
植中集　　　敬令
如菩當　　　供永
來薩集　　　養出
種摩現　　　一離
住訶集　　　切勤
於薩善　　　諸加
三如根　　　佛修

習一切善根悉以廻向而無所著不所作不依色不著受無倒想不住世作行不取識捨離六處不住如世法樂無出世間知離一切法皆如虛空無所從來不生不滅無有眞實無所染著不遠離一切諸分別見不動不

사경의 공덕은 십만억 부처님께 공양한 것과 같은 공덕이 있습니다.

如是而爲廻向 解如是法證
去一切如來 善根廻向 善我亦
悉見一性 諸佛 衆會 如彼過
切法唯 常樂 習行普門善根
離相不失不壞住 如是 深入一
轉不

念념		竟경	和화	影영	不불	如여
如여	佛불	之지	合합	如여	違위	是시
過과	子자	地지	之지	水수	法법	法법
去거	菩보		所소	中중	相상	依의
諸제	薩살		顯현	月월	知지	如여
佛불	摩마		現현	如여	所소	是시
修수	訶하		乃내	鏡경	修수	法법
菩보	薩살		至지	中중	行행	發발
薩살	復부		如여	像상	如여	心심
行행	作작		來래	因인	幻환	修수
時시	是시		究구	緣연	如여	習습

사경의 공덕은 십만억 부처님께 공양한 것과 같은 공덕이 있습니다.

比 비		勝 승	爲 위	諸 제	在 재	以 이
廻 회	無 무	廻 회	廻 회	佛 불	悉 실	諸 제
向 향	等 등	向 향	向 향	如 여	亦 역	善 선
無 무	廻 회	上 상	第 제	是 시	如 여	根 근
對 대	向 향	廻 회	一 일	發 발	是 시	如 여
廻 회	無 무	向 향	廻 회	心 심	我 아	是 시
向 향	等 등	無 무	向 향	以 이	今 금	廻 회
尊 존	等 등	上 상	勝 승	諸 제	亦 역	向 향
廻 회	廻 회	廻 회	廻 회	善 선	應 응	未 미
向 향	向 향	向 향	向 향	根 근	如 여	來 래
妙 묘	無 무		最 최	而 이	彼 피	現 현

사경의 공덕은 십만억 부처님께 공양한 것과 같은 공덕이 있습니다.

菩 보	向 향		廻 회	淸 청	功 공	廻 회
薩 살	已 이	菩 보	向 향	淨 정	德 덕	向 향
住 주	成 성	薩 살		廻 회	廻 회	平 평
無 무	就 취	如 여		向 향	向 향	等 등
諸 제	淸 청	是 시		離 리	廣 광	廻 회
過 과	淨 정	以 이		惡 악	大 대	向 향
失 실	身 신	諸 제		廻 회	廻 회	正 정
修 수	語 어	善 선		向 향	向 향	直 직
習 습	意 의	根 근		不 불	善 선	廻 회
善 선	業 업	正 정		隨 수	廻 회	向 향
業 업	住 주	廻 회		惡 악	向 향	大 대

사경의 공덕은 십만억 부처님께 공양한 것과 같은 공덕이 있습니다.

離	智	所	別	善	本
身	住	作	了	巧	佛
語	廣	住	知	方	子
惡	大	出	無	便	是
心	心	世	量	永	爲
無	知	法	諸	拔	菩
瑕	一	世	業	一	薩
穢	切	法	成	切	摩
修	法	不	就	取	訶
無	染	廻	著	薩
一	有	分	向	根	第

사경의 공덕은 십만억 부처님께 공양한 것과 같은 공덕이 있습니다.

次차	便편	諸제	深심	來래	薩살	三삼
第제	入입	菩보	淸청	業업	住주	等등
入입	深심	薩살	淨정	趣취	此차	一일
佛불	法법	業업	智지	向향	廻회	切체
種종	界계	善선	慧혜	如여	向향	佛불
性성	善선	能능	境경	來래	深심	廻회
以이	知지	分분	界계	勝승	入입	向향
巧교	菩보	別별	不불	妙묘	一일	菩보
方방	薩살	巧교	離리	功공	切체	薩살
便편	修수	妙묘	一일	德덕	諸제	摩마
分분	行행	方방	切체	入입	如여	訶하

사경의 공덕은 십만억 부처님께 공양한 것과 같은 공덕이 있습니다.

		力 력		法 법	雖 수	別 별
		普 보	爾 이	心 심	復 부	了 료
修 수	彼 피	觀 관	時 시	無 무	現 현	知 지
過 과	諸 제	十 시	金 금	所 소	身 신	無 무
去 거	菩 보	方 방	剛 강	著 착	於 어	量 량
佛 불	薩 살	卽 즉	幢 당		世 세	無 무
廻 회	摩 마	說 설	菩 보		中 중	邊 변
向 향	訶 하	頌 송	薩 살		生 생	一 일
法 법	薩 살	言 언	承 승		而 이	切 체
				佛 불	於 어	諸 제
				神 신	世 세	法 법

사경의 공덕은 십만억 부처님께 공양한 것과 같은 공덕이 있습니다.

菩薩身根種種樂
悉以大迴向大聰哲
廣大光明清淨眼
諸佛如來所稱讚
於諸佛境界得安樂
一切導師之所行
亦學未來現在世

사경의 공덕은 십만억 부처님께 공양한 것과 같은 공덕이 있습니다.

盡진	於어	及급	一일	悉실	如여	眼안
以이	彼피	諸제	切체	以이	是시	耳이
隨수	悉실	如여	世세	廻회	無무	鼻비
喜희	攝섭	來래	間간	向향	量량	舌설
益익	無무	所소	衆중	諸제	上상	亦역
衆중	有유	成성	善선	最최	妙묘	復부
生생	餘여	就취	法법	勝승	樂락	然연

世間隨喜向廻無量種種

今此廻向爲衆生

人使群萌子所有衆樂生

願願令衆生皆悉得

一切國土諸如來滿

凡所知見種種樂

願令衆生皆悉得

사경의 공덕은 십만억 부처님께 공양한 것과 같은 공덕이 있습니다.

而이 菩보 悉실 雖수 而이 菩보 興흥
爲위 薩살 以이 爲위 於어 薩살 起기
照조 所소 廻회 群군 廻회 修수 無무
世세 得득 向향 生생 向향 行행 量량
大대 勝승 諸제 故고 無무 此차 大대
明명 妙묘 群군 廻회 所소 廻회 悲비
燈등 樂락 生생 廻회 著착 向향 心심

사경의 공덕은 십만억 부처님께 공양한 것과 같은 공덕이 있습니다.

示 시	諸 제	及 급	一 일	如 여	願 원	如 여
入 입	菩 보	我 아	切 체	諸 제	我 아	佛 불
衆 중	薩 살	在 재	智 지	最 최	修 수	所 소
趣 취	行 행	世 세	乘 승	勝 승	行 행	修 수
安 안	無 무	之 지	微 미	所 소	悉 실	廻 회
隱 은	量 량	所 소	妙 묘	成 성	成 성	向 향
樂 락	樂 락	行 행	樂 락	就 취	滿 만	德 덕

사경의 공덕은 십만억 부처님께 공양한 것과 같은 공덕이 있습니다.

如여	但단	亦역	非비	普보	悉실	恒항
是시	以이	不불	身신	使사	以이	守수
修수	方방	離리	語어	修수	廻회	諸제
成성	便편	此차	意의	成성	向향	根근
無무	滅멸	而이	卽즉	無무	諸제	寂적
上상	癡치	別별	是시	上상	群군	靜정
智지	冥명	有유	業업	智지	生생	樂락

菩薩所修諸行業
積集無量勝功德
隨順如來生佛家
寂然不亂正廻向
十方一切諸世界
所有衆生咸攝受
悉以善根廻向彼

願_원	不_불	欲_욕	未_미	但_단	十_시	所_소
令_령	爲_위	令_령	曾_증	觀_관	方_방	見_견
具_구	自_자	一_일	暫_잠	諸_제	無_무	一_일
足_족	身_신	切_체	起_기	法_법	量_량	切_체
安_안	求_구	悉_실	戲_희	空_공	諸_제	眞_진
隱_은	利_리	安_안	論_론	無_무	最_최	佛_불
樂_락	益_익	樂_락	心_심	我_아	勝_승	子_자

사경의 공덕은 십만억 부처님께 공양한 것과 같은 공덕이 있습니다.

悉 실	願 원	一 일	等 등	以 이	令 영	無 무
以 이	使 사	切 체	心 심	我 아	彼 피	量 량
善 선	速 속	世 세	攝 섭	所 소	衆 중	無 무
根 근	成 성	間 간	取 취	行 행	生 생	邊 변
廻 회	無 무	含 함	無 무	諸 제	速 속	諸 제
向 향	上 상	識 식	有 유	善 선	成 성	大 대
彼 피	覺 각	類 류	餘 여	業 업	佛 불	願 원

사경의 공덕은 십만억 부처님께 공양한 것과 같은 공덕이 있습니다.

無上導師所演說　願諸佛子悉皆成　清淨滿
隨其心樂諸世界　普觀十方施於彼
願悉以令皆具妙莊嚴
菩薩如是學廻向

心不稱量諸二法
但恒了達法無二二
諸法若不二
於法畢竟無所著
十方一切諸世間
悉是眾生想分別
於想非想無所得

如여	彼피	則즉	語어	當당	一일	亦역
是시	諸제	諸제	業업	知지	心심	憶억
了료	菩보	清청	已이	意의	正정	未미
達달	薩살	淨정	淨정	淨정	念념	來래
於어	身신	無무	無무	無무	過과	諸제
諸제	淨정	瑕하	諸제	所소	去거	導도
想상	已이	穢예	過과	著착	佛불	師사

사경의 공덕은 십만억 부처님께 공양한 것과 같은 공덕이 있습니다.

及以現在天人尊
悉學於其所說如來法
三世一切諸如來
智慧明達心無礙
為欲利益衆生故
廻向菩提集衆業
彼第一慧廣大慧

作摩至
是訶一佛
念薩切子最平不
言修處云勝等虛
願習廻何慧實妄
此一向爲者慧慧
善切佛菩如淸無
根諸子薩是淨倒
功善此摩說慧慧
德根菩訶
之時薩薩

사경의 공덕은 십만억 부처님께 공양한 것과 같은 공덕이 있습니다.

	切체	三삼	一일	至지	不부	力력
願원	語어	世세	切체	一일	至지	至지
此차	言언	至지	法법	切체	至지	一일
善선	音음	一일	至지	衆중	一일	切체
根근	聲성	切체	一일	生생	切체	處처
亦역		有유	切체	至지	物물	譬비
復부		爲위	虛허	一일	至지	如여
如여		無무	空공	切체	一일	實실
是시		爲위	至지	國국	切체	際제
徧변			至지	一일	土토	世세	無무
至지			一일	切체	至지	間간	處처

사경의 공덕은 십만억 부처님께 공양한 것과 같은 공덕이 있습니다.

一일	威위	一일	佛불	未미	切체	一일

一切善根悉廻向故以如
威力故廣大智慧無障礙故諸
一切虛空界法願以信解
佛及其國土道場衆會徧滿
未來諸佛過去諸佛現在諸
切諸佛如來所供養三世

一切諸佛 一切善根 悉皆廻向故 以如

Note: 사경의 공덕은 십만억 부처님께 공양한 것과 같은 공덕이 있습니다.

大方廣佛華嚴經 80

佛說法念　無天
國一界諸佛量諸
土切種佛子無供
佛世種世菩邊養
境界業尊薩世具
界種所普摩界而
種世起徧訶　爲
種界十一薩　供
世不方切復　養
界可不虛作　充
無說可空是　滿

사경의 공덕은 십만억 부처님께 공양한 것과 같은 공덕이 있습니다.

世세	衆중		現현	一일	側측	量량
界계	生생	彼피	種종	切체	世세	世세
中중	堪감	有유	種종	諸제	界계	界계
現현	受수	菩보	神신	世세	仰앙	無무
爲위	化화	薩살	通통	界계	世세	分분
如여	者자	以이	變변	中중	界계	齊제
來래	於어	勝승	化화	現현	覆복	世세
出출	彼피	解해		住주	世세	界계
興흥	一일	力력		於어	界계	轉전
於어	切체	爲위		壽수	如여	世세
世세	諸제	諸제		示시	是시	界계

사경의 공덕은 십만억 부처님께 공양한 것과 같은 공덕이 있습니다.

以來無界方一生
至無如便切於
一量差來普故如
切自別藏現得來
處在平身世不無
智神等不間退障
普力普生證轉礙
徧法入不法無見
開身一滅實礙廣
示徧切善性力大
如往法巧超故威

사경의 공덕은 십만억 부처님께 공양한 것과 같은 공덕이 있습니다.

像상	諸제	蓋개	來래	種종		德덕
若약	莊장	幢당	所소	一일	佛불	種종
佛불	嚴엄	幡번	以이	切체	子자	性성
塔탑	具구	衣의	衆중	善선	菩보	中중
廟묘	以이	服복	妙묘	根근	薩살	故고
悉실	爲위	燈등	華화	願원	摩마	
亦역	供공	燭촉	及급	於어	訶하	
如여	養양	及급	衆중	如여	薩살	
是시	若약	餘여	妙묘	是시	以이	
以이	佛불	一일	香향	諸제	其기	
此차	形형	切체	鬘만	如여	所소	

사경의 공덕은 십만억 부처님께 공양한 것과 같은 공덕이 있습니다.

大方廣佛華嚴經 84

去		竟	依	廻	向	善
來	復	心	廻	向	一	根
現	作	廻	向	不	心	如
在	是	向	無	動	廻	是
一	念	寂	衆	廻	向	廻
切	盡	靜	生	向	自	向
劫	法	心	心	無	意	所
中	界	廻	廻	住	廻	謂
諸	虛	向	向	廻	向	不
佛	空		無	向	尊	亂
世	界		躁	無	敬	廻

사경의 공덕은 십만억 부처님께 공양한 것과 같은 공덕이 있습니다.

사경의 공덕은 십만억 부처님께 공양한 것과 같은 공덕이 있습니다.

善根普皆廻向願以無數香蓋 無數香幢 無數香幡 無數香帳 無數香網 無數香像 無數香光 無數香焰 無數香雲 無數香座 無數香經行地 無數香所住處 無數香世界 無數香山 無數香海 無數香河

선근보개회향원이무수향개 무수향당 무수향번 무수향장 무수향망 무수향상 무수향광 무수향염 무수향운 무수향좌 무수향경행지 무수향소주처 무수향세계 무수향산 무수향해 무수향하

사경의 공덕은 십만억 부처님께 공양한 것과 같은 공덕이 있습니다.

大方廣佛華嚴經

數수	說설	無무	華화		香향	無무
末말	乃내	邊변	宮궁	無무	蓮연	數수
香향	至지	鬘만	殿전	量량	華화	香향
蓋개	無무	宮궁	無무	華화	無무	樹수
廣광	等등	殿전	邊변	蓋개	數수	無무
說설	塗도	無무	鬘만	廣광	香향	數수
乃내	香향	等등	蓋개	說설	宮궁	香향
至지	宮궁	塗도	廣광	乃내	殿전	衣의
不불	殿전	香향	說설	至지		服복
可가	不불	蓋개	乃내	無무		無무
數수	可가	廣광	至지	量량		數수

사경의 공덕은 십만억 부처님께 공양한 것과 같은 공덕이 있습니다.

	說 설	至 지	殿 전	寶 보	乃 내	末 말
廣 광	莊 장	不 불	不 불	蓋 개	至 지	香 향
說 설	嚴 엄	可 가	可 가	廣 광	不 불	宮 궁
乃 내	具 구	量 량	量 량	說 설	可 가	殿 전
至 지	蓋 개	燈 등	燈 등	乃 내	稱 칭	不 불
不 불		光 광	光 광	至 지	衣 의	可 가
可 가		明 명	明 명	不 불	宮 궁	稱 칭
說 설		宮 궁	蓋 개	可 가	殿 전	衣 의
莊 장		殿 전	廣 광	思 사	不 불	蓋 개
嚴 엄		不 불	說 설	寶 보	可 가	廣 광
具 구		可 가	乃 내	宮 궁	思 사	說 설

사경의 공덕은 십만억 부처님께 공양한 것과 같은 공덕이 있습니다.

住주	座좌	摩마	尼니	如여	蓋개	宮궁
處처	摩마	尼니	寶보	是시	不불	殿전
摩마	尼니	寶보	網망	摩마	可가	不불
尼니	寶보	焰염	摩마	尼니	說설	可가
寶보	經경	摩마	尼니	寶보	不불	說설
刹찰	行행	尼니	寶보	幡번	可가	不불
摩마	地지	寶보	像상	摩마	說설	可가
尼니	摩마	雲운	摩마	尼니	摩마	說설
寶보	尼니	摩마	尼니	寶보	尼니	摩마
山산	寶보	尼니	寶보	帳장	寶보	尼니
摩마	所소	寶보	光광	摩마	幢당	寶보

사경의 공덕은 십만억 부처님께 공양한 것과 같은 공덕이 있습니다.

却閣無　尼摩尼
敵無數如寶尼寶
無數欄是宮寶海
數門楯一殿衣摩
窓闥無一皆服尼
牖無數諸不摩寶
無數宮境可尼河
數半殿界說寶摩
清月無中不蓮尼
淨無數各可華寶
寶數樓有說摩樹

사경의 공덕은 십만억 부처님께 공양한 것과 같은 공덕이 있습니다.

悉 실	法 법	十 십	淸 청	佛 불	養 양	無 무
得 득	明 명	力 력	淨 정	世 세	物 물	數 수
調 조	令 령	地 지	一 일	尊 존	恭 공	莊 장
伏 복	一 일	於 어	切 체	願 원	敬 경	嚴 엄
	切 체	一 일	衆 중	令 령	供 공	具 구
	衆 중	切 체	生 생	一 일	養 양	以 이
	生 생	法 법	咸 함	切 체	如 여	如 여
	具 구	中 중	得 득	世 세	上 상	是 시
	足 족	得 득	出 출	間 간	所 소	等 등
	善 선	無 무	離 리	皆 개	說 설	諸 제
	根 근	礙 애	住 주	得 득	諸 제	供 공

사경의 공덕은 십만억 부처님께 공양한 것과 같은 공덕이 있습니다.

於어	法법	善선	成성	諸제	切체	
如여	界계	立입	就취	善선	刹찰	其기
來래	成성	無무	大대	法법	而이	心심
一일	就취	量량	乘승	常상	無무	無무
切체	諸제	行행	不불	得득	所소	量량
智지	佛불	普보	著착	見견	至지	等등
智지	神신	入입	諸제	佛불	入입	虛허
	通통	無무	法법	植식	一일	空공
	之지	邊변	具구	諸제	切체	界계
		力력	一일	足족	善선	土토	往왕
			得득	切체	衆중	根근	施시	一일

사경의 공덕은 십만억 부처님께 공양한 것과 같은 공덕이 있습니다.

大方廣佛華嚴經 94

사경의 공덕은 십만억 부처님께 공양한 것과 같은 공덕이 있습니다.

門문	普보	無무	無무		了료	圓원
善선	攝섭	所소	量량	普보	達달	滿만
能능	菩보	畏외	諸제	攝섭	諸제	故고
照조	薩살	發발	善선	諸제	法법	普보
了료	三삼	無무	根근	佛불	皆개	攝섭
無무	昧매	量량	故고	大대	無무	一일
二이	辯변	心심	普보	神신	礙애	切체
法법	才재	滿만	攝섭	通통	故고	菩보
故고	陀다	一일	諸제	力력		薩살
	羅라	切체	佛불	成성		法법
	尼니	故고	力력	就취		明명

사경의 공덕은 십만억 부처님께 공양한 것과 같은 공덕이 있습니다.

攝 섭	世 세	養 양	調 조	切 체	如 여	
一 일	界 계	悉 실	伏 복	諸 제	來 래	普 보
切 체	嚴 엄	周 주	衆 중	佛 불	大 대	攝 섭
諸 제	淨 정	徧 변	生 생	降 강	神 신	諸 제
廣 광	佛 불	故 고	入 입	生 생	力 력	佛 불
大 대	刹 찰	普 보	般 반	成 성	故 고	善 선
劫 겁	咸 함	攝 섭	涅 열	道 도	普 보	巧 교
於 어	究 구	十 시	槃 반	轉 전	攝 섭	方 방
中 중	竟 경	方 방	恭 공	正 정	三 삼	便 편
出 출	故 고	一 일	敬 경	法 법	世 세	示 시
現 현	普 보	切 체	供 공	輪 륜	一 일	現 현

사경의 공덕은 십만억 부처님께 공양한 것과 같은 공덕이 있습니다.

普보	惑혹	普보		生생	切체	修수
攝섭	習습	賢현	普보	故고	所소	菩보
一일	氣기	菩보	攝섭		有유	薩살
切체	悉실	薩살	一일		趣취	行행
衆중	以이	行행	切체		生생	無무
生생	方방	故고	諸제		悉실	斷단
諸제	便편	普보	衆중		於어	絶절
根근	令령	攝섭	生생		其기	故고
無무	淸청	一일	界계		中중	普보
量량	淨정	切체	具구		現현	攝섭
差차	故고	諸제	足족		受수	一일

사경의 공덕은 십만억 부처님께 공양한 것과 같은 공덕이 있습니다.

大方廣佛華嚴經 97

別解攝爲道一佛
咸欲一現悉切教
了令切身入如故
知離化故一來
故雜衆普切智
普染生攝衆性
攝得行一生護
一清隨切界持
切淨其應故一
衆故所衆普切
生普應生攝普

不善普於爲根
불선보어위근

信根入報方如佛
신근입보방여불

諸雖法中便是子
제수법중편시자

法無界分不廻菩
법무계분불회보

而所雖別於向薩
이소수별어향살

能起無業業時摩
능기무업업시마

深而所雖中用訶
심이소수중용하

入勤作無分無薩
입근작무분무살

不修而分別所以
불수이분별소이

有勝恒別報得諸
유승항별보득제

於法住而不而善
어법주이불이선

사경의 공덕은 십만억 부처님께 공양한 것과 같은 공덕이 있습니다.

法而悉知見若作不不皆不可得知諸法性恒不自在雖悉見諸法而無所見普知一切而無所知菩薩如是了達境界知一切法因緣為本見於一切諸佛法身至一切法離染實際

사경의 공덕은 십만억 부처님께 공양한 것과 같은 공덕이 있습니다.

大方廣佛華嚴經

	別별	於어	無무	業업	生생	解해
菩보	無무	無무	爲위	境경	唯유	了료
薩살	爲위	爲위	法법	善선	是시	世세
如여	之지	界계	而이	巧교	一일	間간
是시	相상	示시	不불	方방	法법	皆개
觀관		有유	滅멸	便편	無무	如여
一일		爲위	壞괴	於어	有유	變변
切체		法법	有유	有유	二이	化화
法법		而이	爲위	爲위	性성	明명
畢필		不불	之지	界계	不불	達달
竟경		分분	相상	示시	捨사	衆중

사경의 공덕은 십만억 부처님께 공양한 것과 같은 공덕이 있습니다.

諸제	修수	法법	一일	起기	寂적
佛불	癡치	學학	已이	切체	救구	滅멸

諸제 修수 法법 一일 起기 寂적
佛불 癡치 學학 已이 切체 救구 滅멸
子자 翳예 世세 具구 法법 護호 成성
菩보 以이 間간 成성 海해 衆중 就취
薩살 善선 之지 就취 常상 生생 一일
摩마 方방 法법 出출 樂락 之지 切체
訶하 便편 得득 世세 修수 心심 清청
薩살 修수 淨정 功공 行행 智지 淨정
以이 廻회 智지 德덕 離리 慧혜 善선
諸제 向향 眼안 不불 愚우 明명 根근
善선 道도 離리 更갱 癡치 達달 而이

사경의 공덕은 십만억 부처님께 공양한 것과 같은 공덕이 있습니다.

大方廣佛華嚴經 102

善선	作작	福복	一일	化화	之지	根근
根근	一일	田전	切체	成성	心심	如여
充충	切체	爲위	佛불	熟숙	嚴엄	是시
徧변	世세	一일	法법	一일	淨정	廻회
法법	間간	切체	作작	切체	一일	向향
界계	清청	商상	一일	衆중	切체	稱칭
	淨정	人인	切체	生생	諸제	可가
	日일	智지	衆중	具구	佛불	一일
	輪륜	慧혜	生생	足족	國국	切체
	一일	導도	最최	受수	土토	諸제
	一일	師사	上상	持지	敎교	佛불

사경의 공덕은 십만억 부처님께 공양한 것과 같은 공덕이 있습니다.

	諸	嚴	切	訶	清
能	業	淨	佛	薩	淨	悉
了		一	種	如	具	能
知		切	能	是	足	救
一		國	成	廻	功	護
切		土	熟	向	德	一
諸		能	一	時	佛	切
法		不	切	能	子	衆
能		壞	衆	護	菩	生
等			一	生	持	薩	皆
觀		切	能		一	摩	令

사경의 공덕은 십만억 부처님께 공양한 것과 같은 공덕이 있습니다.

諸法無二 能徧往十方 成就世界清淨 能了達離 欲實際明利諸根佛清淨信解 能具足 實際明 諸根佛清淨 子是為菩薩摩訶薩摩訶薩第四至 一切處迴向得至一切處迴向 此迴向時 得至一切 世界故 得身業住 至

普能應現一切世界故得至

사경의 공덕은 십만억 부처님께 공양한 것과 같은 공덕이 있습니다.

大方廣佛華嚴經

切체	普보	往왕	一일	受수	演연	一일
處처	能능	應응	切체	持지	說설	切체
總총	了료	故고	處처	一일	法법	處처
持지	達달	得득	神신	切체	故고	語어
辯변	一일	至지	足족	佛불	得득	業업
才재	切체	一일	通통	所소	至지	於어
隨수	法법	切체	隨수	說설	一일	一일
衆중	故고	處처	衆중	法법	切체	切체
生생	得득	隨수	生생	故고	處처	世세
心심	至지	證증	心심	得득	意의	界계
令령	一일	智지	悉실	至지	業업	中중

사경의 공덕은 십만억 부처님께 공양한 것과 같은 공덕이 있습니다.

一일	中중	得득	衆중	故고	於어	歡환
切체	常상	至지	生생	得득	一일	喜희
處처	見견	一일	身신	至지	毛모	故고
普보	一일	切체	普보	一일	孔공	得득
見견	切체	處처	入입	切체	中중	至지
念념	諸제	普보	一일	處처	普보	一일
一일	如여	見견	切체	徧변	入입	切체
一일	來래	劫겁	衆중	入입	一일	處처
念념	故고	一일	生생	身신	切체	入입
中중	得득	一일	身신	於어	世세	法법
一일	至지	劫겁	故고	一일	界계	界계

사경의 공덕은 십만억 부처님께 공양한 것과 같은 공덕이 있습니다.

大方廣佛華嚴經

切一切諸佛悉現前故佛子菩薩摩訶薩諸善根如是至一切迴向一切處佛子菩薩摩訶薩以諸佛子菩薩承佛威力普爾時觀察十方而說頌言力普觀十方而說頌言菩薩內外一切皆無所著

不捨 大士 十方 一切 不 亦 普
饒益 修行 所有 無 不取 攝
衆生 如是 諸國 依 活命 妄起 十方
業 生智 土 衆所 等 諸分 世界中
    住 法 別

一 일	觀 관	至 지	普 보	不 불	如 여	照 조
切 체	其 기	一 일	攝 섭	於 어	於 어	世 세
衆 중	體 체	切 체	有 유	其 기	世 세	燈 등
生 생	性 성	處 처	爲 위	中 중	間 간	明 명
無 무	無 무	善 선	無 무	起 기	法 법	如 여
有 유	所 소	廻 회	爲 위	妄 망	亦 역	是 시
餘 여	有 유	向 향	法 법	念 념	然 연	覺 각

菩 보	上 상	悉 실	十 시	菩 보	隨 수	恒 항
薩 살	中 중	以 이	方 방	薩 살	如 여	以 이
所 소	下 하	善 선	一 일	廻 회	來 래	妙 묘
修 수	品 품	根 근	切 체	向 향	學 학	智 지
諸 제	各 각	廻 회	諸 제	到 도	悉 실	善 선
業 업	差 차	向 향	如 여	彼 피	成 성	思 사
行 행	別 별	彼 피	來 래	岸 안	就 취	惟 유

亦 역	未 미	得 득	悉 실	利 이	淸 청	具 구
不 불	曾 증	成 성	令 령	益 익	淨 정	足 족
妄 망	分 분	無 무	一 일	群 군	善 선	人 인
想 상	別 별	上 상	切 체	迷 미	根 근	中 중
念 념	取 취	照 조	諸 제	恒 항	普 보	最 최
諸 제	衆 중	世 세	衆 중	不 불	廻 회	勝 승
法 법	生 생	燈 등	生 생	捨 사	向 향	法 법

사경의 공덕은 십만억 부처님께 공양한 것과 같은 공덕이 있습니다.

大方廣佛華嚴經 112

雖	亦	菩	隨	亦	獲	菩
수	역	보	수	역	획	보
於	復	薩	順	不	如	薩
어	부	살	순	불	여	살
世	不	常	得	捨	是	未
세	불	상	득	사	시	미
間	捨	樂	至	離	等	曾
간	사	락	지	리	등	증
無	諸	寂	涅	衆	微	分
무	제	적	열	중	미	분
染	含	滅	槃	生	妙	別
염	함	멸	반	생	묘	별
著	識	法	境	道	智	業
착	식	법	경	도	지	업

사경의 공덕은 십만억 부처님께 공양한 것과 같은 공덕이 있습니다.

於어	一일	不불	深심	不불	一일	亦역
此차	切체	於어	入입	離리	切체	不불
明명	衆중	其기	如여	因인	世세	取취
了료	生생	中중	是시	緣연	間간	著착
善선	調조	起기	諸제	見견	從종	諸제
廻회	御어	分분	境경	諸제	緣연	果과
向향	師사	別별	界계	法법	生생	報보

發 願 文

귀의 삼보하옵고
거룩하신 부처님께 발원하옵나이다.

주 소 : _____

전 화 : _____ 불명 : _____ 성 명 : _____

불기 25 _____ 년 _____ 월 _____ 일